D0590944

THE BROONS

The Broons Joke Book

THE BROONS

The Broons Joke Book

BLACK & WHITE PUBLISHING

First published 2017
by Black & White Publishing Ltd
104 Commercial Street, Edinburgh, EH6 6NF

1 3 5 7 9 10 8 6 4 2   17 18 19 20

ISBN: 978 1 910230 48 0

The Broons®© DC Thomson & Co. Ltd. 2017

Text by Euan Kerr
www.thebroons.com

All rights reserved. No part of this publication may be
reproduced, stored in a retrieval system, or transmitted
in any form, or by any means, electronic, mechanical,
photocopying, recording or otherwise, without
permission in writing from the publisher.

A CIP catalogue record for this book is available from
the British Library.

Typeset by Creative Link, North Berwick
Printed and bound by Opolgraf, Poland

Introduction

Welcome tae oor very first joke book!

We gathered a' The Broons family's very favourite gags. Some will mak' ye smile and some will mak' ye spit oot yer iron brew in delight!

Read on tae see jist how cheeky the Bairn can be, tae find oot whit happened when Gran'paw's dug ate a pile o' Scrabble tiles, and tae hae a richt guid belly-laugh at Paw's attempts tae come tae terms with technology!

If ye've heard ony o' them before, they're probably the ones that Gran'paw came up wi' – some o' them hae been doing the rounds since nineteen-canteen!

Enjoy!

Whit does the Loch Ness Monster eat?

Fish and ships!

Maw, I've got a part in the school play – I play a Scottish husband

Go back and tell the teacher ye want a speakin' part!

Gran'paw was trapped in the But an' Ben for weeks because o' a massive blizzard. Eventually help arrived and a women called doon the chimney,

"Mr Broon, are ye a'richt?"

Gran'paw shouted back, "Wha's that?"

"The Red Cross!"

"Go awa', I bought a flag last month!"

What do you call someone who keeps talking when no one is listening?

A teacher!

Whit's a skean dhu?

A pigeon that
goes tae
Aviemore for its
winter holidays

Whit's a Scotsman's favourite pudding?

Tart an' custard!

**Whaur does a Heeland Coo
go for his holidays?**

Moo York!

What are 3 and 5 and 9 and 13?

ITV, Channel 5, UK Gold and Challenge.

**Whit words wid ye like
said at yer funeral?**

Look – he's moving!

How dae ye like yer whisky, Gran'paw?

Hae ye ever seen ane o' thae machines that can tell if a person's telling a lie?

Seen ane? I married ane!

A computer once beat
me at chess, but I
absolutely gubbed it
at kick boxing!

Whit's the difference between ignorance and apathy?

I dinna ken and I dinna care.

200lbs on Earth is equal to 74 lbs on Mars.

So, I'm no' fat – jist living on the wrong planet!

I tried learning tae drive until the Sat Nav wifie said "In 200 yards – LET ME OUT!"

Daphne asked for some peace and quiet while she learned tae cook – so I took oot the batteries frae the smoke alarm!

Whit ever ye dae in life,
ayeways gie 100%.

Unless ye're
giein' blood!

Wi' great power comes great ...

Electricity
bills!

The teacher punished me for somethin' I didnae do!

Aye – his homework!

Me wonders how much a zebra
wid cost if ye scanned it!

Me wonders how lang it wid tak
for a giraffe tae throw up?

Whit happened tae the butcher wha backed intae the meat mincer?

He got a little behind wi' his work.

Whit dae ye gie a Loch Ness Monster wi' a sair heid?

A wide berth!

Gran'paw's dug ate a pile o' Scrabble tiles –

he kept leaving little
messages aroond the
hoose for days.

When I look at chocolate I hear twa voices in my heid. The first ane says

"Eat the chocolate!"

the second voice says

"Are ye no' listening? Eat the chocolate!"

Why did the chicken go tae the séance?

He wanted tae get tae the ither side!

Whit dinosaur kens the maist words?

Thesaurus!

Wow, Daphne. You look great. Have you lost weight?

Are ye saying I used tae be fat and ugly? Charming!

I hate fowk who get sayings wrong – I mean, it's no' rocket surgery!

Did ye hear aboot the coo that
was on maternity leave?

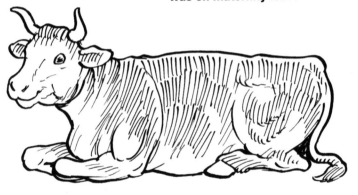

It had a wee calf!

I washed my kilt to go tae the dancin' but I couldn't do a

Fling wi' it!

I've just heard Maw Broon banjoed Paw Broon wi' a rolling pin for stepping on the lino she'd just mopped.

Have ye arrested her?

No' yet – the floor's still wet!

I dinna understand a' this textspeak. Whit does IDK, LY and TTYL mean?

I Don't Know, Love You, Talk To You Later.

Fair enough –
I'll ask Daphne.

Gran'paw, ye ken ye tak yer teeth oot at night?

Aye, lass.

Well, can ye tak yer ears off an' a'?

Why did ye mak Daphne give up the piano to tak up the clarinet?

So she canna sing along!

**Whit Scottish leader
was scared o' dogs?**

Boney Prince
Charlie.

A recent study showed that women who carry a wee bit extra weight live longer than men who mention it.

I couldnae understand how the gowf ball kept getting bigger –

then it hit me!

One coo says tae anither,

"Dae ye ever worry aboot
Mad Cow Disease?"

The other one replies,

"Why should I? I'm a
helicopter!"

My Gran'paw has the heart of a lion

... and a lifetime's ban from Edinburgh zoo!

Ye tak away the looks, charm, intelligence, wit, money and style and really there's no' much difference between me and **George Clooney.**

I can't count the number of times I've failed my maths exam.

I bought Maw a fridge as a present – ye should have seen her face light up when she opened it!

Why did the scarecrow win an award?

Cos he wis oot standing in his Field!

Whit dae ye ca' a dug
that does magic tricks?

A labracadabrador!

Whit does a pirate say
when he becomes an
octogenarian?

Aye Matey!

Are ye sure getting double glazing will save us money?

Aye! The bairns winnae be able tae hear the ice-cream van.

Arguin' wi' Maw is a bit like reading the Terms and Conditions on the Internet –

in the end ye jist go 'I agree!'

I wis going tae teach ye how tae time travel – but ye didna enjoy it.

Maw says to Paw,

"Go doon tae the corner shop and get a pint o' milk and if they have eggs, get six."

A wee while later, Paw returns with six pints of milk.

Puzzled, Maw asks,

"Why did ye get six pints o' milk?"

Paw replies,

"They had eggs!"

Whit's the definition
o' a show-aff?"

A child that's
mair talented
than ours!

I went tae a lawyer and said,

"I'd like tae mak a will but I dinna ken whit tae dae."

The lawyer smiled and said,

"Don't worry. sir. Leave it all to me."

I said,

"I'll dae no such thing. I want tae gie it tae my family."

Gran'paw, can me hae a puppy for Christmas?

Ye'll hae turkey like a'body else!

Ye ken ye're gettin' auld when ye bend
doon tae tie yer laces and wonder if
there's onything else ye can dae while
ye're doon there.

Here is the secret of a happy marriage -

If ye are wrang, admit it!

If ye are right, shut up!

Men are like computers – no' easy tae understand and never hae enough memory!

Why did the sword swallower swallow an umbrella?

He wanted tae pit something
away for a rainy day!

My girlfriend and I often laugh aboot how competitive we are –

but I'm MAIR competitive!

Whit dae ye call a man wi' one foot in the hoose and the ither oot o' it?

HAMISH!

Have ye seen my newspaper?

Oh, Paw. Newspapers are so auld-fashioned. Here, borrow my tablet.

Ok, but it might no' work once I've swatted thon bluebottle!

The Devil has a
pitchfork and The
Grim Reaper has
a scythe ... so, is
farming popular in
the Underworld?

Why does thon dug keep licking me?

It's worked oot that there are bones in there.

The Titanic sinking was a tragedy for a' the people,
but a miracle for the lobsters in the kitchen!

Why do ye call yer pet moose Squeak?

So that he can introduce himself!

If swimming's so guid
for yer figure, how dae
ye explain whales?

How do ye keep thin, Gran'paw?

I tak my false teeth oot at six o'clock every nicht!

Afore ye criticise someone, ye should try walkin' a mile in their shoes. That way, when ye do criticise them, ye're a mile away, they canna hear ye ...

and ye've got a new pair o' shoes!

So whit if I dinna ken whit
Armageddon means –
it's no' the end o'
the world!

Last nicht, me and my brither watched three DVDs back tae back.

Luckily I was the ane facing the telly!

Maw, are fowk wha sneeze a lot
the maist blessed?

Cats are independent, they dinna listen, they often stay out a' nicht and when they're hame, a' they want to dae is sleep. So, how come a' the things women love aboot cats, they hate aboot men?

 Why did ye eat yer homework?

Cos Teacher said it wis a piece o' cake!

How dae ye start a teddy bear race?
- Ready, teddy, GO!

How dae ye start a
milk pudding race?

- Say GO!

I never mak mistakes. I thocht I had once –
but I wis wrang!

Why are ye greetin', my wee lamb?

BOO-OOH

Sniff! Me got a yo-yo, but it keeps bouncing off the ground.

Whit happened tae the dug that ate nothin' but garlic?

- Its bark was much worse than its bite!

Whit did one snowman say to the ither snowman?

Do you smell carrots?

You should try to have mair self-esteem.

But I dinna deserve it!

Whit should ye give a man who has everything?

A woman to show him how everything works.

Why are pirates so mean?

They just ARRRRR!

FASCINATING FACT:

Cats spend two thirds of their life sleeping ...
and the other third makin' YouTube videos!